Wilhorpanjovsky

Neues Wörterbuch der Politik

Ein Vermächtnis des Grafen von Herzberg an seine Zöglinge

Wilhorpanjovsky

Neues Wörterbuch der Politik
Ein Vermächtnis des Grafen von Herzberg an seine Zöglinge

ISBN/EAN: 9783743607279

Hergestellt in Europa, USA, Kanada, Australien, Japan

Cover: Foto ©Suzi / pixelio.de

Weitere Bücher finden Sie auf **www.hansebooks.com**

Neues Wörterbuch der Politik.

Ein

Vermächtniß

des

Grafen v. Herzberg an seine Zöglinge.

Der Herausgeber.

Der preußische Separat = Friede hat ganz Europa in Erstaunen gesetzt, und die Erklärung, warum Preußen diesen Frieden schloß, und schließen mußte, erregte bey der ganzen ehrlichen Welt

Welt einen Unwillen, der bald in öffentliche Verwünschungen, und wirklich lieblose Vorwürfe gegen das preußische Kabinet überging. Man verglich diesen Frieden mit dem Pillnitzer-Vertrage, man verglich diese Erklärung mit dem Manifeste des Herzogs von Braunschweig und den vorhergegangenen Schriften, und weil man überall Widersprüche fand, so glaubten sich selbst, sonst ziemlich kaltblütige Staatsmänner berechtiget, diesen Separat-Frieden einen Meineid zu nennen, den Preußen an seinen Verbündeten, am deutschen Reiche und der Menschheit beging.

Ein Geheimniß ist dieser Friede allerdings; aber jedes Geheimniß hört auf, es zu seyn, sobald man den Schlüssel fel dazu hat. — Da die biedern Gesinnungen des Königs weltkündig sind, die Umstimmung des preußischen Ministeriums hingegen das Werk des Pr. Heinr. ist, der nun wieder die Grundsätze des Ministers Herzberg zum Decalog (*) des Berlinerkabinets gemacht hat, dieser aber, wie es seine Memoires beweisen, sich eine ganz eigene Theorie geschaffen hatte, um — was Garve und Dalberg nicht erreichten — Politik und Moral unter einerley Grundprincipien des Rechts, und der Billigkeit zu bringen — so ist der Schlüssel zur Reichstheorie und Terminologie dieser Staatsurkunde gewiß ein überaus wichtiger diplomatischer Fund: und diesen liefere ich aus dem Nachlaße

des

(*) Die zehn Gebothe.

des Grafen von Herzberg, im gegenwärtigen neuen Wörterbuche der Politik.

Die Welt hat nun den Schlüssel zu dem grossen Geheimnisse in den Händen; sie wird nun nicht mehr aus falschen Vordersätzen falsche Schlüsse ziehen, und nicht mehr Widersprüche finden, wo keine sind; sie wird die Worte und Wendungen in den preußischen Staatsschriften nicht mehr nach dem Sprachgebrauche der Alletagsmenschen, sondern nach ihrem eigenthümlichen höhern Sinne nehmen. Im Besitze dieses Schlüssels werden künftige Geschichtschreiber die Bahn geebnet finden, wenn sie uns etwann zu dem Meisterwerke des unsterblichen Friedrichs (die Geschichte meiner Zeit) ein würdiges Gegenstück liefern wollen. Ich glaube sogar durch die Bekanntmachung dieses Wörterbuches mich um die Menschheit, und vorzüglich um die Aufklärung verdient gemacht zu haben, da man in dem Studium der Philosophie, des deutschen Staatsrechts, des Völkerrechts und der Politik nach ganz andern vorurtheilfreyen Grundsätzen wird handeln können, und bey den zuweilen etwas zweydeutigen Absichten, zu welchen man oft durch die Zeitumstände verleitet werden dürfte, nicht mehr so sehr wie sonst, mit dem innern Gefühle von Recht und Moralität ins Gedränge kommen wird — — — Zum Beschluße einen Wink, wie ich zu dem Besitze dieses Herzbergischen Vermächtnisses gelangte.

Ich

Ich gehöre unter die **glücklichen Polen**, denen Preußen die Vortheile, unter seinem Zepter zu stehen, bloß aus **Philantropie** aufdrang. Um an der Quelle des Glückes zu seyn, begab ich mich auf einige Zeit nach Berlin. Dort wohnte ich bey einem Kanzelisten vom Departement des affaires etrangeres. Das Weibchen war schön; der Mann hatte nur 400 Thaler Gehalt; ich hatte Friedrichsdors — Das übrige läßt sich errathen —

— — — — — — — —

Warschau d. 15. Jun. 1795.

Wilhorpanjovsky
vormahliger Starost nun königl.
preußischer Pensionair.

Neues
Wörterbuch der Politik.

Ein

Vermächtniß

des

Grafen v. Hertzberg an seine Zöglinge.

Activität.

Dies Wort ist so alt, als das Wort Politik; denn Activität ist die Seele der Politik. Aber mehr als nothwendig wird sie einem Kabinete, das sich durch Usurpationen und gewaltsame Vergrösserungen täglich neue Feinde erregt. Es gehört mehr Activität dazu, sich in seinen Eroberungen zu erhalten, als dazu gehörte, sie zu machen. Lassen Sie also Activität das Triebrad ihrer Politik seyn. Durch Activität rissen wir Schlesien an uns; durch Activität setzten wir

den

den Kaiser Leopold in Besorgniß, daß Ungarn dem von uns erregten Abfalle der Niederlande folgen würde, und so erzwangen wir den Reichenbacherfrieden; durch **Activität** theilten wir Polen. — Wie die Zeitumstände zur Reife gelangten, setzten wir dann wieder unsre Activität in Bewegung, um die Reichshöfe von der Complettirung der Reichsarmee abzuhalten; und dann arbeiteten wir an der Consolidirung der ihrer Auflösung sich nähernden Republik, und der Trennung der deutschen Staatsconföderation — — Allein es können auch Fälle eintreten, wo **Activität** ein großer Staatsfehler wäre; und dies sind alle Fälle, wo wir mehr durch **Inactivität** für unser Privatinteresse gewinnen. So ein Fall war der jetzige Krieg mit Frankreich: wir stellten uns **activ**, ließen uns für unsre scheinbare **Activität** Millionen bezahlen, und blieben **inactiv**. Aus diesem Beyspiele können Sie sich nun selbst

selbst die Regel abziehen, wo Activität oder Inactivität räthlicher ist.

Allianz.

Auch dieses Wort finden Sie in dem allgemeinen Wörterbuche der Politik. Jeder Staat sucht oder macht Allianzen mit andern Mächten: es sey nun, sich in Statu quo zu erhalten, oder sich zu vergrößern; allein in dem Wörterbuche unsrer Politik wird das Wort Allianz bald nur mehr als Antike erscheinen. Zu Allianzen gehört wechselseitiges Vertrauen, und der Alliirte muß sein Interesse in dem unsrigen finden; das wechselseitige Vertrauen aber haben wir durch mehrere Kabinetsstreiche und vorzüglich durch unsern Separatfrieden verloren; und wo ist mehr

die

die Macht, die ihr Interesse in dem unsrigen finden könnte, nachdem selbst unser neuer Bundesgenoß, der Nationalconvent, der uns doch wirklich Dank schuldig ist, es laut in die Welt hinein sagte: **daß uns nicht zu trauen sey?** Es bleibt uns also nichts übrig, als uns (durch welche Mittel es auch geschehen mag;) auf einen Grad von Vergrößerung zu schwingen, daß wir keiner Allianz bedürfen, oder wenigstens Mächten, die um unsre Allianz buhlen, Gesetze vorschreiben können. Der günstige Zeitpunkt ist da; und nun muß es mit Preußen heißen: aut Cæsar aut nihil. Indessen mögen Sie sich des abgenützten Wortes Allianz noch immer in Manifesten und Erklärungen mit Erfolge bedienen; besonders wenn es darum zu thun ist, der deutschen Welt weiß zu machen, daß Frankreich ihr natürlicher Alliirter sey. Nur den deutschen Höfen

brav

brav Sand in die Augen geworfen, und (*)
blau vor die Augen gemacht!

Arrondirung.

Die Oesterreicher werfen uns vor, wir
hätten ein fürchterliches Zetergeschrey ange-
stimmt, als sich das Gerücht verbreitete,
daß Oesterreich seine reichen Niederlande gegen Bayern mit Willen des Eigenthümers,
und (ich muß es gestehen) mit unverkenn-
baren Vortheile der beyden Nationen, habe
vertauschen und sich arrondiren wollen;
da wir uns doch jetzt selber so ungeheure ar-
ron-

(*) Der Ausdruck blau erinnert mich recht
unwillkührlich an das Berlinerblau.

Anmerk. des Herausgeb.

rondissements, und zwar mit Gewalt der Waffen erlaubten; allein es ist keine Folge, daß wir uns, was wir andern versagen, nicht selber erlauben sollten. Das, quid tibi non vis fieri, mag wohl für die übrigen Staaten, aber nicht für unser Kabinet passen. Preußens Arrondirung muß also der Hauptzweck unsrer Politik bleiben. Nach König Friedrich Wilhelms Tode war unser Staat ein abgerissenes Band, das sich von Kurland bis Brabant erstreckte. Durch die Eroberung Schlesiens, Polens Theilung, und die Einverleibung von Anspach und Bayreuth hat dies lange, schmale Band schöne Zuwächse bekommen. Die Spitzen ragen von allen Seiten hinaus. Man darf nur noch die Lücken ausfüllen (dazu könnte jetzt das deutsche Reich das schönste Materiale liefern) und Preußens Arrondirung ist vollendet. Ich gestehe zwar, daß dies ein großes Stück Arbeit ist. Wir haben, wie andere Staaten, keine Länder

der zu vertauschen; sondern müssen uns bloß durch unsre Kabinetsstreiche, durch **Theilung und Raub** arrondiren. Allein, nur frisch nach unserm Systeme fortgegangen! es kann nicht fehlen. Vielleicht wird Preußen noch zur Universalmonarchie; und da die Erdkugel bekanntermaffen r u n d ist, so wäre dies freylich die schönste A r r o n d i r u n g.

Beschützer des deutschen Reiches.

Dies Wort ward erst in den spätern Lebensjahren des großen Friederichs in das Wörterbuch unsrer Politik aufgenommen: vorher wäre es lächerlich gewesen, uns dieses Titels anzumaffen; denn die ganze Welt wußte, daß nur der Kaiser der wirkliche Beschützer des deutschen Reichs ist.
Allein

Allein seit dem Fürstenbunde (der beynahe so erschlichen ward, wie man ungefähr durch einen falschen Feuerlärm die gutmüthigen Hauseinwohner dazu bewegen kann, einem Taschendiebe ihre geretteten Sachen anzuvertrauen) haben sich die Ohren der Reichsfürsten schon etwas mehr an diesen Ausdruck gewöhnt, und seit unserm Meisterstücke, dem Separatfrieden, sind einige von ihnen so gutherzig, uns für den wahrhaften **Beschützer des deutschen Reiches** anzusehen. Fahren Sie also fort in ihren Erklärungen und Staatsschriften, und vorzüglich bey dem Reichstage zu Regensburg mit diesem Worte tapfer um sich zu werfen. — Friedrich der Große war über diesen Punkt so ängstig, daß er immer genau an die Formen der Verfassung halten wollte; jetzt kann man schon dreister seyn, wenn man nur immer ein Galimattas von hochtönenden Worten vorausgehen läßt. An die alberne Reichsconstitution muß

muß man sich nicht binden; man muß die reichsgerichtliche Wirksamkeit durch den Weg der Negociationen lähmen, wie wir es in der Lüttichischen Angelegenheit thaten; man muß den Einfluß der Kreisausschreibenden, und Kreisobersten selbst im fränkischen und westphälischen Kreis recht zu benutzen wissen; man muß die reichsständische Eigenschaft, die zu sehr an die Gesetze bindet, in den Kriegs= und Friedensgeschäften mit dem directen Einflusse eines Protektorats verwechseln. — Unter dieser Gestalt kann man Lieferungen, Ausschreibungen, Dons gratuits durchsetzen, die man als Mitstand nicht reclamiren könnte. Die Hauptsache ist, den kleinen Ueberrest der Unität, die bisher in der gesetzlichen Verfassung lag, dadurch zu trennen, daß unter dem Titel von Mediation, Mitwirkung, oder Rücksprache, immer das besondere Interesse des preußischen Hofes über die Reichsgutachten, und Ratifica=

ficationsdecrete, die bisher die gesetzliche Sprache des Reichskörpers ausmachten, entscheiden könne. Wenn das Reich einmal an eine solche collaterale Einwirkung des Protectors mit dem gesetzlichen Reichsoberhaupte gewöhnt ist, und in der Reichsdiplomatik hieraus ein so genanntes Herkommen entsteht, oder nur die Berufung auf ähnliche Fälle möglich wird, so kann man endlich mit Furcht und Hoffnung bey einer solchen getheilten Amtsgewalt des Oberhauptes alles durchsetzen.

Bundesbruch.

Belieben Sie hierüber den Artikel, Convenienz, nachzuschlagen.

Contingent.

Seitdem wir mit dem Kaiser die reichsoberhauptliche Gewalt einstweilen getheilt haben, hat das Wort Contingent in dem Wörterbuche unsrer Politik keinen Sinn mehr. Nach den Planen unsers Kabinets wird wohl schwerlich mehr der Fall eintreten, daß wir ein Contingent zu stellen hätten: vielleicht entheben wir nach und nach auch die übrigen Reichsstände dieser beschwerlichen Last, und nehmen in dem Wege der Vertretung das Commando und die Leitung der öffentlichen Macht allein auf uns. Ueberdies, wenn es einst kein deutsches Reich mehr gibt, so gibt es auch keine Reichsarmee, und folglich auch kein Contingent! Sie finden also dieses Wort bloß zum Angedenken hier, daß einst Contingent die Truppenanzahl bedeutete, die jeder Reichsstand zur Reichsarmee

armee zu stellen hatte, welches Contingent dann auch von den kleinern Ständen immer pünktlicher als von den größern gestellt wurde; doch werden Sie wohl das Beyspiel noch im frischen Gedächtnisse haben, daß sich so ein Contingent auch verirren konnte, und, anstatt nach dem Rhein zu ziehen, nach Polen ging, um dort Eroberungen für sich zu machen.

Convenienz.

Dieses Wort möchte ich gern mit goldenen Buchstaben in das Wörterbuch unsrer Politik niederschreiben. Was wäre Preußen ohne Convenienz!!! Convenienz ist die Entwicklungskraft der preußischen Monarchie. Convenienz ist der Talismann,

durch

durch den wir unsre Abenteuer, vom Raube Schlesiens an, bis zum Separatfrieden mit dem Nationalconvente bestanden. Lassen Sie also bey allen ihren Unternehmungen dieses goldene Wort die Grundlage seyn. In diesem Zauberworte liegt die Kraft zu **lösen** und zu **binden**, und Preußen wird dadurch zur **politischen Kirche.** Vor der Welt müssen Sie dieß freylich nicht zu sehr merken lassen, oder wenigstens nie eingestehn: sondern ihren Schriften (wie wir es in der berühmten Erklärung thaten) immer von Ehrlichkeit, Treue, Rechtmäßigkeit, Liebe für Reichswohl, und wie die altväterischen Worte alle heissen, einen Anstrich geben; denn sonst möchte den übrigen Mächten am Ende doch conveniren, unsrer Convenienz Schranken zu setzen.

Demarcationslinie.

Dieses Wort werden sie schwerlich in einem andern politischen Wörterbuche finden: es gehört also abermal unserm Kabinete das Verdienst der Erfindung. Wir wissen zwar, daß andere Mächte nach geendigtem Kriege, oder nach geschlossenen Tauschverträgen Grenzlinien um ihre neuen Besitzungen zogen; aber eine Demarcationslinie während eines gemeinschaftlichen Reichskrieges zu ziehen, und sie da zu ziehen, wo man weder etwas erobert, noch etwas zu befehlen hat, und sie nicht etwann dem Feinde, sondern den mit uns verbündeten Freunden zu ziehen, um ihnen die Zufuhr abzuschneiden, sie in ihren Operationen zu hindern, und sie indirecte, unter dem großmüthigen Anerbiethen von Mediation zum Frieden zu zwingen, dazu gehörte schöpferischer Geist; denn durch diese dem

Aner-

Anerbiethen der Mediation vorausgeschickte Grenzbestimmung, wird die Fortsetzung des Krieges den Alirten unmöglich gemacht, dem Feinde hingegen die Zufuhr der Lebensmittel, freye Handlung, und noch obendrein ein bequemer Weg, um die Alirten zu verfolgen, offen gehalten. — Ich weiß zwar, daß unsre vormahligen Bundesgenoßen über diese Handlung sehr ungünstig urtheilen: allein sie dürften sich nur die kleine Mühe geben, über die Abstammung des Wortes Demarcation nachzudenken, so würden sie finden, daß es von demarquer (auslöschen) herkommt, und daß wir nichts thaten, als was die Bedeutung dieses Wortes mit sich bringt; das ist: daß wir den Geist ihrer fernern Thätigkeit auslöschten.

B De=

Demonstration.

Wenn man an dem wahren Sinne eines Wortes zweifelt, so darf man nur auf seine Abstammung zurückgehen: da also das Wort Demonstration, von dem lateinischen monstrare (zeigen) herkommt, so kann die Redensart: dem Feinde eine Demonstration machen; nichts anders heissen, als sich dem Feinde zeigen. Man zieht also seine Truppen zusammen, läßt sie etwas vorrücken, zeigt sich dem Feinde, und macht es dann in der Zeitung mit grossen Lettern bekannt, daß man dem Feinde eine Demonstration gemacht habe. Man hat bey dieser Art von Demonstration den Vortheil, daß man die Armee in gesunder Bewegung erhält, die Truppen und den Aufwand schont, und doch immer so eine That den Alliirten, oder

der

der Macht, welche die Subsidien bezahlt, anrechnen kann.

———

Depot.

Wenn die übrige ehrliche Welt etwas in Depot, oder Verwahrung nimmt, so geschieht es immer mit der Voraussetzung, daß zu seiner Zeit, das in Depot genommene Gut dem Eigenthümer wieder zurückgestellt werde; wenn aber wir etwas in Depot nehmen, so ist die Voraussetzung schon mitbegriffen, daß wir es auch behalten. Auf diese Art nahmen wir die fetten Provinzen von Polen in Depot. Daher wünschte ich, daß Sie sich in ähnlichen Fällen jederzeit des Wortes Depot bedienten. Es klingt doch etwas sanfter als der Ausdruck Raub, und die fremden Unterthanen, die gemeiniglich mehr auf das Wort als auf die Sache sehen, lassen sich am Ende doch noch lieber in Depot nehmen, als rauben. Erinnern Sie sich aber, so oft Sie dieses Wort gebrauchen, mit dankbarer Empfindung an Friedrichs Asche, der im Jahr 1756 das Wörterbuch der preußischen Politik mit diesem Kernworte vermehrte, und Sachsen in Depot nahm.

Despotismus.

Daß auf der ganzen Welt (selbst das Reich des Großmogols mitbegriffen) kein grösserer Despotismus herrsche als in Preußen, das wissen Sie so gut als ich. Allein dieß ist nicht der Grund, warum ich dieses Wort in das Wörterbuch unsrer Politik

litik aufnahm; obschon übrigens dieser Despotismus ein Hauptpfeiler unsrer Monarchie ist, und also mit zu unsrer Politik gehört. Ich that es, damit Sie sich dieses Wortes bey Gelegenheit gegen andere Mächte bedienen. Gegen das Haus Oesterreich hat es uns bey den Niederlanden treffliche Dienste gethan, und die Fälle scheinen mir nahe zu seyn, wo es wieder Dienste thun könnte. Man könnte nun zum Beyspiele das Mährchen vom Despotismus wieder aufwärmen, unter welchen Joseph der II. das deutsche Reich beugen wollte. Man könnte vielleicht, nicht ohne Erfolg, es selbst dem Kaiser Franz zum Despotismus anrechnen, daß er noch immer Maynz vertheidigt, und mit seinem zahlreichen Kriegsheere auf einem Boden steht, dessen Beschützung ihm zwar Leute und Geld gekostet hat, der aber im Grunde doch immer ein fremder Boden ist; und daß er durch seine imponirende Gegen=

genwart die wenigen übrigen Reichsstände, die noch immer das Vorurtheil von Ehrfurcht gegen das Reichsoberhaupt im Kopfe haben, abschrecke, sich mit Leib und Seele an uns, als den allgemeinen Reichsvater anzuschließen. Man wird immer Leute finden, die mit uns in das Feldgeschrey über den österreichischen Despotismus stimmen.

Deutscher Geist.

Ein sehr antikes Wort, das nun zu unserm Glücke, gar keine Bedeutung mehr hat; denn wenn noch deutscher Geist existirte, so wäre es um unsere Demarcationslinie, unsern schönen Separatfrieden, unser Protektorat und unsre Frie-

Friedensgebietherrolle geschehen. Wir wären längst wegen unsers Meineides von Kaiser und Reich geächtet —— Indessen können Sie den Ausdruck, deutscher Geist doch noch manchmal in unsre Kabinetssprache einfließen lassen, besonders, wo man dem deutschen Geiste jener Reichsfürsten, die sich unter das Joch ihres Mitstandes beugten, ein Kompliment machen will.

Diversion.

Dies Wort kommt vom französischen divertir; da aber dies eine zweyfache Bedeutung hat, und divertir quelqu'un nichts anders heißt, als, Jemanden eine Lust oder

oder Zeitvertreib machen, so werden Sie sehr wohl daran thun; wenn Sie die Redensart: dem Feinde eine Diversion machen, (in so weit es mit Ihrer Convenienz verträglich ist) bloß in diesem Sinne nehmen. Auf diese Art machten wir dem Feinde während dieses Krieges mehrere Diversionen, oder Zeitvertreibe; die kurzweiligste für ihn war aber gewiß unsre Diversion im Champagne und im Elsaß; der Erfolg bewies es aber auch, wie dankbar sich der Feind für diese Diversionen oder Zeitvertreibe gegen uns bezeigte.

Entschädigung.

Wenn Jemand Entschädigung begehrt, so muß es vorher erwiesen seyn, daß er wirklich (und das zwar ohne seine Schuld) Schaden

den erlitten habe: allein dies ist wieder nur so nach alter Sitte zu verstehen. Für unsre Politik wären dergleichen Erweise theils zu beschwerlich, und theils zu kleingeistig. Wir haben uns also wieder eine eigene Bahn gebrochen, indem wir Entschädigung begehren, wo wir nichts verloren, und so gar gewonnen hatten. Wir ließen uns von den Engländern Millionen bezahlen, um die gemeinschaftlichen Operationen der Angriffslinie, die damals von den Niederlanden bis an die Schweiz reichte, nach dem verabredten Plane zu unterstützen. Dabey hätten wir nun unsre Rechnung nicht gefunden: wir machten also Einwendungen über die Stelle, wo wir operiren sollten, über die Art, wie wir vermög dieser Subsidien mitzuwirken verbunden seyen; und da endlich die Engländer die **Unverschämtheit** hatten, die 62000 Mann sehen zu wollen, die sie bezahlten, und die wir, wie es am convenientesten war, um

nichts

nichts zu thun, für das zur Protection des Reichs, und zur Vorstellung der Contingent-Vertretung für andere Reichsstände, oder, in Folge des englischen Subsidientraktates, für das coalirte oder allirte Kriegsheer ausgaben; so schickten wir den unbescheidenen Cornwallis spazieren, und erklärten, daß wir uns in der Coalition keine Operationsplane vorschreiben lassen. Dadurch scheiterte der ganze Operationsplan der Oesterreicher und Engländer; die combinirte Armee ward auf den beyden Flanken, und in den Lücken, die wir bey Trier entstehen ließen, angegriffen; sie mußte die Niederlande räumen, und sich hinter den Rhein ziehen. Indessen bekamen wir einige baare Entschädigungen über Hamburg und Basel in Louisd'ors. In Polen nahmen wir mehr in Depot, als unser ganzes Schlesien beträgt: wir gewannen also Guineen, Louisd'ors, und Länder oben drein. Nun bleibt uns noch die

Ent=

Entschädigungsrechnung gegen das Reich, wegen der Befreyung von Maynz bevor; und welche weitere Entschädigungsrechnungen wir dem deutschen Reiche, mit Gottes und des **Nationalconvents** Hilfe, noch vorlegen wollen, das wird sich zeigen.

Erklärung.

Dies Wort setzt voraus, daß etwas dunkel seyn müsse, sonst bedarf es keiner **Erklärung**; da nun unsre meisten Kabinetsoperationen mit einer schrecklichen Dunkelheit umgeben sind, so werden Sie sehr oft in den Fall kommen, wo eine Erklärung nöthig ist, um diesen oder jenen Schritt vor der Welt zu rechtfertigen oder wenigstens zu **beschönigen.** Ich traue Ihnen aber zu viel Einsicht ficht zu, um es Ihnen erſt zu empfehlen, durch Ihre **Erklärung** die Dunkelheit ja nicht klar zu machen; und ſo werden Sie auch wohl begreifen, daß das ganze Geheimniß darin beſtehe, über die Dunkelheit einen ſo glänzenden Firniß von ſchönen Worten und Wendungen zu ziehen, daß die Welt vor lauter Glanz die D u n k e l h e i t nicht ſehen kann. Hierzu empfehle ich Ihnen zum ewigen Muſter unſre **Erklärung**, die wir über den Separatfrieden mit Frankreich herausgaben.

Frieden.

Dies Wort iſt in dem Wörterbuche unſrer Politik unentbehrlich, da wir nach einem Grundgeſetze des großen Friedrichs wenigſtens

stens alle zehn Jahre mit unsern Nachbarn Krieg anfangen müssen, um unsere Truppen in Uebung zu erhalten; aber wie und wann dann ein Friede zu machen sey, das muß Sie nur wieder ihre Convenienz lehren. Es gibt ruhmvolle und schimpfliche Frieden: allein an diese Ausdrücke müssen Sie sich nicht kehren. In Ihren Augen muß jeder Friede ehrvoll seyn, bey dem Sie Ihren Privatvortheil finden; und in dieser Hinsicht ist unser Separatfriede mit dem Nationalconvent gewiß der ehrvollste Friede, der je auf Erde geschlossen wurde; obwohl er geradezu wider den Inhalt und den Zweck unsrer bisherigen Allianz geschlossen ward.

Für-

Fürstenbund.

Heißt eigentlich ein Bund gegen den Kaiser und die alte Reichsconstitution, um der kaiserlichen Würde ein Protectorat an die Seite zu setzen.

———

Garantie.

Dies Wort müssen Sie bloß für ein Kompliment betrachten, das Sie dieser oder jener Macht, wenn es die Convenienz erfodert, machen können. Aber so wie ein Kompliment zu nichts verbindet, so dürf Sie auch Ihre gegebene Ggrantie zu nichts verbindlich machen. Wir hatten dem Kaiser im Reichenbacher - Frieden seine Niederlande feyerlich garan-

garantirt, aber in unserm Separatfrieden nicht mit einem Wörtchen dieser Garantie und der Niederlande erwähnt.

Gleichgewicht.

Wie Sie es nur zu gut wissen, ist dies Wort eine Chimäre; aber da sich die Welt durch Chimären blenden läßt, so können Sie sich, so wie es schon unser Großer Friedrich that, dieses Wortes noch immer mit gutem Erfolge gegen kurzsichtige Mächte bedienen. Wenn also das Haus Oesterreich in den Kriegen, in welche man dasselbe immer zu verwickeln wissen wird, irgend einige Fortschritte macht, oder im Frieden irgend eine zum Heile seiner Länder abzielende Anstalt trifft, so müssen Sie gleich in die Trompete stoßen, und

und laut über die Verletzung des Gleichgewichtes schreyn: wenn wir aber mit Gewalt ganze Provinzen besetzen, so müssen Sie behaupten, daß dies nur geschehen sey, um das so unentbehrliche Gleichgewicht herzustellen.

Jakobiner.

So wie die arbeitsame Biene auch aus der Giftblume Honig zu saugen weiß, so muß unser arbeitsames Kabinet aus dem schlechtesten, verworfensten Dinge Vortheile zu ziehen wissen. Wir nahmen also, wie es unsre Manifeste zeigen, die Jakobiner, die wir doch selbst sehr nahe um den preußischen Throne sitzen haben, zum Vorwande, um ungehindert Polen theilen zu können, und

und schlossen dann mit Jakobinern einen Separatfrieden, um Oesterreich den Herzenstoß zu versetzen. Aus diesem einzigen lehrreichen Beyspiele können Sie sehen, wie ein weises Kabinet Benennungen wichtig machen könne.

―――――

Kabinetsgeheimnisse.

Sie sind die Seele der Staatsklugheit in auswärtigen Geschäften, und alle Staaten können ihre Unterhandlungen nur unter dem Schleyer des Geheimnisses vorbereiten, um die Gegenwirkung ihrer Feinde zu vereiteln, oder, wenn die Sache nicht gut ist, die man verficht, das Ehrgefühl des

Ka-

Kabinetes nicht zu compromittiren. Aber dies Letztere läßt sich in manchen Angelegenheiten nicht mit dem Zwecke vereinigen, den man vor sich hat, und da muß man lieber die Maske von sich werfen, und sich mit **Unverschämtheit** eröffnen. Hierüber können Sie die Unterhandlung mit Dumourier in der Champagne, die Negociation (*) des Marquis Luchesini in Warschau, die Negociation mit dem englischen Ministerium über den Subsidientractat und den Operationsplan der zwey vorletzten Feldzüge, die Unterhandlung an den Reichshöfen um die constitutionelle Errichtung der Reichsarmee zu hindern, so wie den Separatfrieden zu Basel, der schon

―――――

(*) Diese Stelle erinnert mich wieder unwillkürlich an den alten Sirach

Anmerk. des Herausgeb.

schon geschloßen war, als unsre Gesandten noch die Ankunft unsers Ministers in Basel leugneten, welcher, laut einer officiellen Rücksprache an die verbündeten Höfe, nur die Auswechslung der Gefangenen zum einzigen Geschäfte hatte, und endlich das freundschaftliche Anerbieten unsrer Mediation, nachdem wir die Allirten so gut bedient hatten, als Muster nachlesen.

Ländertausch.

Dies Wort paßt eigentlich nicht zu unsrer Politik; denn wir bräuchen nicht zu tauschen, sondern behalten lieber, was wir haben,

ben, und nehmen noch dazu, so viel wir können. Indessen hat uns das Wort, Ländertausch, schon sehr gute Dienste gethan. Wir schrien über Ländertausch, als Oesterreich, nach dem von uns ausgestreuten Gerüchte, sein Niederland mit Bayern vertauschen wollte, und schreyn noch jetzt über Ländertausch, da Oesterreich nichts tauschen will. Ländertausch ist also für uns ein magisches Wort, mit welchem man Schrecken verbreiten kann; Calumniare audacter, semper aliquid hæret.

Manifest.

Sie wissen, daß Manifeste eine bloße Formalität sind; und da es hier nur auf Worte te, und nicht auf die Sache ankommt; so ist es für ein **preußisches Manifest** hinreichend, wenn es in schönen glänzenden Ausdrücken abgefaßt ist, und etwas von dem Doppelsinne der Orakelsprüche an sich hat. Sie brauchen sich auch mit Bearbeitung neuer **Manifeste** nicht erst den Kopf zu zerbrechen; sondern finden in unserm Archive schon eine Menge davon vorräthig, die sich mit kleinen Modificationen auf jeden Fall anwenden lassen. Es ist auch nicht nöthig, ihren Unternehmungen das **Manifest** vorauszuschicken. Friedrich der Grosse stand schon mit seinem Heere in Schlesien, als das Manifest erst hintendrein kam. Es gibt auch Fälle, wo man die Manifeste gänzlich entbehren kann, und wo man, anstatt dem Nachbar den Krieg ankündigen, bloß eine

Demarcationslinie nach unsrer letzten Erfindung zu ziehen braucht.

Mediateur.

Dieß Wort stand lange Zeit nur im politischen Wörterbuche der Mächte vom ersten Range. England, Oesterreich, Rußland, vorzüglich aber Frankreich spielten die Rolle des Mediateurs. Ein **preußischer Mediateur** hätte noch vor 50 Jahren ein gröfsers Aufsehen erregt, als unter Ludwig dem XIV der Doge von Genua in Paris; und doch spielen wir nun diese Rolle, und zwar unter allgemeinem applausu der Reichsfürsten, im deutschen Reiche; aber freylich nur noch im-

immer unter der **Generaldirection** des Nationalconvents. Wir retteten diesen vom Hungertode: aus Dankbarkeit verhalf er uns zur Mediateursrolle im deutschen Reiche; und daß bey der Protectoratsrolle, die wir seit einiger Zeit in die Reichsverfassung gebracht haben, vom **Reichsmediateur** zum **Reichsdespoten** kein grosser Schritt sey, können wir uns nur im Vertrauen sagen. Um indessen die Sache nicht so auffallend zu machen, werden Sie wohl thun, sich anstatt des Ausdruckes **Mediateur** oder **Mediation**, des von uns ganz neu geschaffenen Wortes **Mitverwendung** zu bedienen, weil durch dieses Wort doch noch ein Schein von Voraussetzung übrig bleibt, daß wir das sogenannte Reichsoberhaupt nicht ganz umgehen.

Mit-

Mitstand.

Bloß zum ewigen Angedenken, daß Preußen einst ein Mitstand des deutschen Reiches war, kann dieses Wort in unser Wörterbuch der Politik aufgenommen werden. Der Mitstand, der nebst seinem ständischen Votum, noch in das Reichsconclusum durch Mitwirkung und Rücksprache Einfluß zu nehmen hat, kann mit Würde nicht mehr Mitstand heissen. Um diese Wirksamkeit auszudrücken, wird wohl noch nebst Reichsoberhaupt ein anderer Titel im deutschen Staatsrechte erdichtet werden müssen; und so könnte man anstatt Kaiser und Reich, oder Kaiser und Churfürsten, Fürsten und Stände, schicklicher die Benennung einführen; Kaiser, Protector, und gemeine Stände.

Obser-

Observationskorps.

Dieses Corps wurde sonst nur zur Beobachtung eines erklärten Feindes, oder eines zweydeutigen Freundes aufgestellt. Dieser Gedanke war uns aber zu gemein: Um also auch hier Original zu seyn, zogen wir an unsrer Demarcationslinie ein Observationscorps zusammen, um unsre Freunde und Bundesgenossen zu observiren.

Präponderanz.

Die Franzosen haben unser politisches Wörterbuch mit diesem Worte bereichert; denn der Nationalconvent sagte es öffentlich, daß

daß er uns im deutſchen Reiche die Präponderanz, das Uebergewicht, verſchaffen wolle: wenn alſo dieß nicht etwann ein franzöſiſches Kompliment iſt, ſo muß der Nationalconvent die Güte haben, manche ſchöne Provinz des deutſchen Reichs auf unſere Schale zu legen, wenn wir dieſe Präponderanz erlangen ſollen. Indeſſen können Sie ſich bloß aus dem Worte Präponderanz oder Uebergewicht, hinlänglich überzeugen, daß Gleichgewicht eigentlich ein Hirngeſpinnſt iſt; denn ſobald Uebergewicht iſt ſo hört das Gleichgewicht auf.

Red.

Redlichkeit.

Ein uraltes Wort, das Sie, so wie die Ausdrücke, Treue und Glauben, Geradsinn, Aufrichtigkeit, Bundespflicht und so weiter, nur noch in österreichischen und einigen wenigen andern politischen Wörterbüchern finden. Bey uns gehört es höchstens noch zu dem Sande, den wir nach Convenienz der Welt in die Augen streuen müssen.

Reichsoberhaupt.

Nachdem wir mit den Feinden des Reiches einen Separatfrieden geschlossen; nachdem

dem wir kein Contingent mehr stellen, und selbst andre Reichsstände durch unsre Demarcationslinie an der Stellung der ihrigen verhindern; nachdem wir uns also von aller reichsständischen Obliegenheit losgemacht, und förmlich vom Reiche los gerissen haben, so werden Sie selbst einsehen, daß wir uns des Wortes **Reichsoberhaupt** nur des diplomatischen Sprachgebrauches wegen bedienen; doch kann dieses Wort nach Umständen zu sarcastischen Ausfällen, und um das Haus Oesterreich in lästige Verbindlichkeiten zu verwickeln, noch immer von guten Nutzen seyn: wenn es Ihnen also darum zu thun ist, ein gehäßiges Licht auf den Kaiser zu werfen, so mögen Sie ihn, des bessern Nachdruckes wegen, noch immer **Reichsoberhaupt** nennen.

Revolution.

Diesem Worte sollten wir eine goldene Ehrensäule errichten. Ohne die französische Revolution hätten wir Polens beste Provinzen nicht zur Beute davon getragen. Im Trüben fischen ist ein sehr trivialer, aber sehr treffender Ausdruck für unser politisches Verhalten. So oft Sie also in der Zukunft das Netz nach fremden Ländern auswerfen, so suchen Sie vorher die Geister dieser Länder zu revoltiren, und also das Wasser trübe zu machen. Wie man Unruhen in fremden Staaten erregen und unterhalten soll, dazu haben wir Ihnen bey den Auftritten in Lüttich und den Niederlanden, und an unserm Versuche in Ungarn die brauchbarsten Vorschriften geliefert. Da es also Ihr

Stu-

Studium seyn muß, in benachbarten Staaten stets den Geist der Unruhe anzufachen, und da wir uns so fest an die französische Revolution angeschlossen haben, die nach Mahomeds Weise, die Fackel des Fanatismus und das Schwert in der Faust, überall um sich her Proselyten macht, so ist dies gewiß für die übrigen Mächte die gefährlichste Seite unsrer Politik —— Ich könnte nun die Feder niederlegen, und mein Vermächtniß beschließen. Ich habe Sie in die Geheimnisse unsrer Politik eingeweihet, und bis ins innerste des Heiligthums geführt; allein ich würde den Namen ihres **Führers** und **Lehrers** nicht verdienen, wenn ich Ihnen nicht mit derselben Offenherzigkeit, an deren Hand ich Sie bisher leitete, hier, wo wir am Ziele stehen, das aufrichtige Bekenntniß ableg=

legte, daß unsre, den fremden Mächten so gefährliche Politik, am Ende wohl uns selbst gefährlich werden könnte, und daß manchmal bange Ahndungen der Zukunft meine Freude über den von mir so mühsam aufgeführten Koloß unsrer Politik trüben. Wie oft sind schon Minen zurück gesprungen, die man gegen den Feind angelegt hatte? Anstatt um den brennenden Wald Absönderungsgräben zu ziehen, füllten wir durch unsern Separatfrieden die noch wenigen Trennungslinien aus, und bahnten den Revolutionsflammen den Weg, sich über das durch den Geist des Illuminatismus zum Feuerfangen nur zu sehr vorbereitete Deutschland auszubreiten. Ich will des Brennstoffes nicht erwähnen, den diese Flammen, wenn die französische Republik durch uns einmal

mal ganz consolidirt ist, in der schlechten Verwaltung der kleinern Fürstenthümer im Reiche, und dem Drucke der Völker finden werden; aber auf das gänzliche Verderbniß unsrer eignen Sitten, auf die Zügellosigkeit unsrer Jugend, auf den von unsern Journalisten öffentlich gepredigten Unglauben, und die daraus entstehende Verachtung gegen Gesetze und Oberhaupt, auf die allgemeine vom Illuminatismus geleitete Stimmung der Gelehrten und Geschäftsleute, auf den Kontrast der Hofsitten mit dem Nimbus (*), den man um den Fürsten ziehen will, auf den Geist unsers Militärs, den es aus dem Bruderbunde,

(*) Ein Gewölk, darin sich die heidnischen Götter zur Erde herabließen.

Anmerk. des Herausg.

bunde mit unsern neuen Freunden ins Va=
terland zurück bringen wird, auf diese Ge=
genstånde muß ich Sie aufmerksam machen;
und wenn Sie dieses Bild ganz gefaßt haben, so wird Ihnen wenigstens die Möglich=
keit einleuchten, daß die Revolutionsflammen die preußischen Besitzungen vielleicht am
ersten ergreifen dürften. Dann müßte man
sich freylich gestehen, daß man der **Vergrö-
ßerungssucht** die ganze Existenz aufgeopfert
habe; und der Zweck der Verbindung der
Coalition würde in überwiegender Kraft da
stehen. — — Doch überlassen wir dies dem
Fatum, das ohnehin alles regiert! Sollte
auch einst diese Unglücksperiode für uns ein=
treten, so ist doch mein Ruhm (da ich Mi=
n i s t e r und G e l e h r t e r zugleich bin), wenigstens von einer Seite gerettet. Das Ge-

D bäude

bäude meiner Politik mag unter den Verwünschungen der Nachwelt einstürzen, die Gebeine der Könige von Preußen und der Markgrafen von Brandenburg mögen sammt den Insignien des Königthums von der Revolutionsflamme verbrennt werden: so bleibt doch mein Ehrenplatz gesichert, den ich mir durch meine Memoires, und meine übrigen in der Berlinerakademie mit so vielem Beyfalle vorgelesene Abhandlungen im Tempel der Vernunft errungen hatte — —

Wahl-

Wahlspruch.

In der jetzigen Lage kann es für Preußen keinen andern Wahlspruch geben, als:
Aut Caesar aut nihil.